RAPPORT

DE M. SENSIER.

A MONSIEUR TIERCE,

ANCIEN SOUS-INSPECTEUR AUX REVUES, RUE COQUENARD, N° 6.

Paris, le 16 septembre 1830.

MONSIEUR,

Obligé de m'absenter pour un mois, j'ai l'honneur de vous adresser la minute de mon rapport, relatif aux événements de la grande semaine.

La commission des récompenses venant de frapper de déchéance des malheureux qui, tout brisés encore sur leur lit de douleur, n'ont pu lire l'arrêté affiché au coin des rues, j'ai dû céder aux instances qui m'ont été adressées pour faire imprimer ce rapport, afin de former un titre à leurs réclamations futures.

M. Laffitte, toujours disposé aux bonnes actions, consent à faire les frais de l'impression, pour qu'un exemplaire soit délivré gratuitement aux braves que ce rapport intéresse. Il a désigné M. Firmin Didot comme imprimeur. Veuillez le voir et le prier de surveiller le travail en mon absence.

Agréez, Monsieur, l'assurance de mes sentiments distingués,

Votre serviteur,

SENSIER.

RAPPORT
DE M. SENSIER,

ANCIEN NOTAIRE,

COMMISSAIRE DU 2e ARRONDISSEMENT

CHARGÉ DE CONSTATER

LE NOMBRE DES VICTIMES

ET

LES FAITS MÉMORABLES

DES GLORIEUSES JOURNÉES DES 27, 28 ET 29 JUILLET 1830.

PARIS,

IMPRIMERIE DE AMBR. FIRMIN DIDOT,

RUE JACOB, N° 24.

1830.

RAPPORT

DE M. SENSIER.

Après quinze années de déception, une dynastie, contre laquelle la France était inoffensive, a cru devoir violer le pacte solennel qui l'unissait à nous; elle est descendue du trône, et déja elle vit ignorée dans un coin de l'Europe. Nous avons conquis sous un roi constitutionnel dont les premières armes, la loyauté et les vertus privées nous garantissent les sentiments et le respect de la loi jurée. Après lui ses augustes fils, compagnons des nôtres dans les jeux gymnastiques, ne craindront pas de descendre jusqu'à eux, pour connaître leurs vœux [et leurs besoins.

Pour arriver à d'aussi grands résultats, la population parisienne a fait des prodiges de valeur.

Une commission a été nommée pour recueillir les noms des victimes et les faits mémorables de courage et d'humanité de ces glorieuses journées.

Le commissaire soussigné, après s'être acquitté de son honorable mission avec le zèle et le soin qu'elle commandait, en résume le résultat dans le présent rapport.

Les quartiers de la Chaussée-d'Antin et du faubourg Montmartre ont été le théâtre d'événements importants et de scènes sanglantes. Le commissaire soussigné aurait vainement cherché à leur trouver un ensemble pour en tracer l'historique; les conceptions ont été si variées, les tentatives hardies si rapidement improvisées, qu'on ne trouve aucune relation entre elles. Le soin de coordonner les événements des trois mémorables journées de juillet, à l'aide des différents rapports des commissaires, est confié à un homme habile qui trouvera dans son patriotisme une chaleureuse éloquence pour les retracer.

La journée du 26 commença par un sentiment de stupeur. Malgré la réalité des fatales ordonnances, on ne pouvait encore croire à une aussi insolente attaque de la part des ministres, contre nos libertés. L'indignation retrempa de suite les esprits, et tout annonça qu'un mouvement général serait organisé pour le lendemain.

Le 27, au matin, une population toute entière, sans guides, sans plan, n'ayant qu'un but unique, celui de la résistance, s'est portée sur tous les points où elle pensait trouver des armes et des moyens d'attaque et de défense. L'accord fut unanime, les hommes qu'on avait crus indifférents à la défense d'un principe partageaient le sentiment général, et ce serait erreur de croire que les ouvriers n'ont puisé leur courage que dans la fermeture des ateliers et le manque d'ouvrage qui devait en être la conséquence. Ceux qui les ont approchés étaient étonnés de leur langage et de l'importance qu'ils attachaient à la conservation de nos libertés. Ceux des faubourgs Montmartre et Poissonnière ne sont pas restés en arrière du mouvement. Le 27, au matin, ils sont tous réunis à la place Cadet, la plus grande partie sans armes, le reste n'est qu'imparfaitement pourvu de quelques fusils, de sabres, de pistolets et de piques. Déja on remarque parmi eux d'anciens officiers qui, cherchant à les organiser, reconnaissent bientôt qu'il y a pour ces braves gens plus de dangers que d'utilité pour la chose publique avec d'aussi faibles moyens d'attaque et de résistance; ils les engagent à se procurer des armes. Les habitants qui ne peuvent faire usage des leurs s'empressent de les donner. Des serruriers et particulièrement le sieur Cabillet, rue Coquenard, leur fabriquent des piques. Ils se rendent dans les salles de spectacles de l'arrondissement pour y prendre les armes, casques et boucliers servant aux représentations théâtrales.

Le 28 au matin le rassemblement armé a lieu sur la place Cadet. Beaucoup de gardes nationaux en uniforme s'y réunissent; c'est alors qu'on voit des hommes courageux créer une organisation régulière, on peut dire au péril de leur vie, car alors rien n'était moins certain que la réussite. Les colonels Alexandre Delaborde, Bro, Servatius; le sous-inspecteur aux revues en retraite Tierce, et l'ancien officier d'état-major Bouchet, forment des compagnies tant à la place Cadet que dans le manége de ce nom, et en prennent le commandement sous les ordres du colonel Alexandre Delaborde qui se met à la tête du mouvement général. Dans celle du colonel Servatius, on remarque MM. Ferrère Laffitte, Eugène Laffitte, Adrien Laffitte, banquiers agents de change, et Larreguy, rédacteur du *Journal du commerce*, Morlot et autres. Des détachements désarment les postes isolés des environs; d'autres se portent aux casernes de la rue de Clichy et de la Nouvelle-France. Qu'on juge des efforts qu'il a fallu faire pour s'emparer de bâtiments barricadés à l'intérieur et défendus par un feu roulant dirigé des croisées sur un terrain aussi resserré : rien cependant n'a pu résister.

Les ouvriers mieux armés et pourvus de munitions, par suite de ces succès, se rendent alors dans les différents quartiers de la capitale où déja s'étaient transportés ceux des leurs qui n'avaient pas coopéré à la prise des casernes. Ils repoussent la garde royale dans les rues St-Nicolas-d'Antin, Taitbout et Laffitte ; ils lui opposent la plus vigoureuse résistance à l'entrée des faubourgs Montmartre et Poissonnière, sur le boulevart.

Répandus ensuite sur tous les points où on les voit blessés, il est impossible de les suivre au milieu des mouvements généraux qui ont eu lieu dans la soirée du 28 et la journée du 29 ; toujours est-il que, sortis de chez eux le 28 au matin, ils n'y sont rentrés que le 29 au soir, sauf ceux qui sont ensuite partis pour St-Cloud et Rambouillet.

Telle est la part active que les habitants des quartiers de la Chaussée-d'Antin et du faubourg Montmartre ont prise aux glorieux événements des 27, 28 et 29 juillet dernier. Le commissaire soussigné se trouve heureux de pouvoir les signaler à la reconnaissance publique.

Quant aux mouvements généraux qui ont eu

lieu sur le terrain de ces quartiers, de la part des troupes royales, la modestie de ceux qui ont concouru à les repousser n'a pas permis d'obtenir des renseignements bien précis. « J'ai fait comme les autres. » Telle est la réponse naïve qu'on recevait partout.

Les postes isolés n'ont point opposé de résistance.

Elle a été faible à la caserne de la rue de Clichy.

L'attaque de celle de la Nouvelle-France a été meurtrière.

Des charges de cavalerie et des feux de peloton ont eu lieu sans résultats bien fâcheux, dans les rues aboutissant au boulevart.

Le 27, l'avant-garde des troupes royales avait pris position sur le boulevart, au coin de la rue du Mont-Blanc, pour garantir l'hôtel des relations extérieures; dans la soirée elles ont chargé à différentes reprises.

Le 28 elles, ont fait un feu continuel et des charges de cavalerie pour parvenir sur le boulevart Bonne-Nouvelle; plusieurs fois elles sont revenues sur leurs pas pour rester maîtresses du terrain. Vers midi des troupes débouchant de la rue Montmartre ont fait un feu meurtrier sur le boulevart, de la rue du Faubourg-Montmartre.

L'intrépidité des ouvriers qui abattaient les

arbres est incompréhensible. La mitraille et les balles à bout portant n'ont pu leur faire suspendre un seul instant leur travail.

Le 29 le peuple était maître du boulevart. Des parlementaires royaux se sont présentés, ils ont été démontés de leurs chevaux, mais protégés de toute violence par de généreux citoyens, et sans être désarmés on les a conduits d'abord chez M. Simon, marchand de papiers, et ensuite à l'hôtel de M. Laffitte.

Ce peuple si furieux la veille était redevenu calme après le combat, et laissait circuler des gardes royaux armés, en leur recommandant seulement de retourner leurs baïonnettes. Le commissaire soussigné a vu des hommes de la classe ouvrière protéger des soldats isolés, et aller mettre eux-mêmes en fourrière, rue d'Artois, les chevaux des parlementaires pour qu'ils ne disparussent pas.

Le commissaire soussigné joint ici cinq tableaux nominatifs :

1° Des morts, au nombre de quatorze.

2° Des blessés, au nombre de soixante-huit.

3° Des combattants qui se sont distingués par des traits de courage.

Il n'a pu y admettre ceux qui n'ont apporté pour preuves que leurs propres assertions ; il s'en excuse auprès d'eux, mais il aurait affaibli son témoignage en agissant autrement.

4° Des personnes qui se sont fait remarquer par des traits d'humanité.

5° Des médecins et pharmaciens qui ont fait preuve d'un grand zèle et de désintéressement.

Paris, le 6 septembre 1830.

SENSIER,
Commissaire du 2e arrondissement.

MORTS.

1. MOREAU (Simon), âgé de 16 ans, ouvrier chez M. Duvivier, fumiste, cul-de-sac Coquenard, n° 5, fils de Moreau, fruitier, même rue.

Sorti armé le 28 juillet au matin, et n'ayant pas reparu depuis.

2. BAILLACHE, menuisier, rue Saint-Nicolas-d'Antin, n° 49.

Mort d'une blessure reçue à sa croisée, au moment où il s'y mettait pour tirer sur la garde royale. (Voir le n° 9 des blessés.)

3. FLIZET (Dominique), âgé de 16 ans et demi.

Est parti le 28 juillet de chez sa mère, et n'a pas reparu depuis. (Voir pour son frère le n° 16 des blessés.)

4. BIGOLET (Jeanne), épouse d'Étienne Lubin, tonnelier, rue de la Boule-Rouge, n° 2.

Tuée d'un coup de feu sur la place des Victoires, en allant chez son mari.

5. HALLARD, ancien cocher, rue de la Boule-Rouge, n° 9.

Tué le 29 juillet par une balle qui lui a percé le sein gauche.

Il laisse une veuve dans l'indigence.

6. GOUVERNET (PIERRE-ROSE), serrurier, âgé de 21 ans, rue Rochechouart, n° 35.

Mort à l'Hôtel-Dieu le 31 juillet, d'une blessure reçue le 29, rue de Richelieu.

Son père infirme, et sa mère fort âgée, sont à la charge du bureau de bienfaisance.

7. ROUSSEAU (VICTOR), serrurier, rue Rochechouart, n° 35.

Est sorti de chez lui le 28 juillet au matin, étant armé, et n'a plus reparu depuis. Constaté par acte de décès.

8. VAICHAMBE, rue de Caumartin, n° 20.

Mort des blessures qu'il a reçues en combattant le 28 juillet.

Ce jeune homme soutenait de son travail l'existence de sa mère.

Cette malheureuse femme frappée de la mort de son fils, est tombée dans une sorte d'aliénation mentale.

9. VICQ (EUGÈNE-FRÉDÉRIC), ouvrier bijoutier, rue du Rocher, n° 17.

Blessé d'une balle dans le bas-ventre, à la Porte-Saint-Martin, par le 5ᵉ régiment de la garde, et mort depuis des suites de sa blessure.

Il aidait son père, fort âgé, du fruit de son travail. Ce vieillard est aujourd'hui dans la peine.

10. GAUVENET (PIERRE), rue Rochechouart, n° 35.

Mort le 1ᵉʳ août des suites d'une blessure reçue le 29 juillet. (Voir l'art. 35 des blessés, pour son frère.)

Leur père, garçon jardinier, n'est pas heureux.

11. PACOT (dit Moreau), rue du faubourg Montmartre, n° 5o.

Mort le 5 août des suites d'une blessure reçue à la gorge.

Sa mère est domestique et peu fortunée.

12. MOREAU (Jean-Baptiste).

Mort le 28 juillet de suites de blessures.

Il laisse un père âgé et sans ressources.

13. BROUST (François - Joseph), jardinier, rue des Martyrs, n° 3.

Mort le 28 juillet.

Il laisse une veuve dans l'indigence.

14. SCHMIDT (Antoine), rue Blanche, n° 47.

Mort de ses blessures sur le champ de bataille.

Paris, ce 6 septembre 183o.

SENSIER,

Commissaire du 2ᵉ arrondissement.

BLESSÉS.

1. JALBERT (Jean), blessé par une balle au genou droit le 28 juillet.

On l'a transporté à l'ambulance de la rue Neuve-Saint-Marc, et de là dans son domicile, rue des Martyrs, n° 9, où il a été pansé par M. Hermé, pharmacien, même rue n° 11, et par M. Dufour.

2. PLANCHON (Henri-Victor), ancien militaire au 34ᵉ de ligne, rue de Provence, n° 16.

Blessé d'une balle dans la poitrine, le 29 juillet, rue de Richelieu au coin du Théâtre-Français. Il a été pansé par le docteur Dufour.

3. TURLURE (Pierre-Henri), âgé de 28 ans, rue Coquenard, n° 54.

Il a reçu une blessure affreuse et grave le 29 juillet, rue de Richelieu près le Palais-Royal. Une balle lui a traversé la verge, emporté le testicule droit, et lui a cassé la cuisse en séparant une forte esquille d'os. Il a été soigné par le docteur Dufour.

4. ALAIGNON (Pierre-Germain), âgé de 25 ans, tabletier en nacre, rue des Trois-Colonnes, n° 2.

Il a été blessé à la place des Victoires. Une balle

lui a traversé la fesse gauche d'outre en outre. Il a été soigné par le docteur Dufour.

5. DELARDETTE, maître maçon, rue Saint-Georges, n° 31.

Blessé d'une balle à l'épaule droite, le 28 juillet, sur le boulevard près la porte Saint-Denis.

6. AUVRAY (Louis), âgé de 31 ans, garçon maçon, rue Saint-Georges, n° 33.

Blessé le 28 juillet d'un coup de crosse de fusil, rue de Richelieu près le Théâtre-Français. Il commence à marcher.

7. PILLON (Victor), maçon, âgé de 23 ans, rue Saint-Georges, n° 33.

A reçu une blessure grave le 28 juillet rue Montmartre; il a eu le genou traversé d'une balle; on l'a transporté à l'ambulance de la Bourse.

8. GUILLOIT (Alexandre-Charles), âgé de 31 ans, garçon sellier chez le sieur Lemaire Borel, passage Saulnier, n° 4.

Blessé rue Saint-Honoré près celle du Roule, par le 15e léger. Une balle lui a traversé la cuisse. Il a été soigné par le docteur Royer-Collard.

9. BAILLACHE, âgée de 10 ans.

Blessée de la même balle qui a tué son père, rue Saint-Nicolas d'Antin.

Cette jeune fille a été amputée. (Voir le n° 2 des morts.)

10. DESFONTAINES, tailleur-portier, rue Saint-Lazare, n° 32.

Blessé le 28 juillet par un éclat de pavé détaché par une balle, au Petit-Carreau.

Il a été soigné par M. Paillard, chirurgien.

11. LISSEBACK, homme de peine, âgé de 27 ans, rue de la Paix, n° 6, barrière de Clichy.

Blessé aux Champs-Élysées, le 29 juillet, d'un coup de crosse à la tête qui l'a rendu sourd, et d'un coup de baïonnette au coude gauche. Il a été soigné par M. Piron Sampigny, médecin, rue Chantereine, n° 52, et par M. Lamouroux.

12. DUCAMP, âgé de 65 ans, garçon de caisse au service de l'administration des ponts.

Blessé en revenant de faire sa recette, le 28 juillet, rue du Marché-Saint-Honoré, par deux balles qui lui ont atteint la cuisse gauche et la jambe droite.

Il a été soigné par M. Lefèvre, médecin, rue de la Michaudière, n° 18, qui annonce que Ducamp ne pourra jamais reprendre ses occupations, et qu'à raison de son âge il sera sans ressources.

13. DAGNELY (THOMAS-JOSEPH), âgé de 40 ans, fileur de coton, cul-de-sac Coquenard, n° 2 *bis*.

Blessé à la tête le 27 juillet, dans l'engagement qui a eu lieu rue de Richelieu. Cet homme est très-malheureux.

14. DOMER (FRANÇOIS-HIPPOLYTE), entrepre-

neur de bâtiments, âgé de 35 ans, rue Saint-Lazare, n° 124.

Blessé d'une balle dans le ventre. Elle n'a pu encore être retirée. Il a été, pour cette blessure grave, soigné par M. Chaboneau, médecin du bureau de charité du 7ᵉ arrondissement.

15. DAVET, ancien officier de hussards, caissier de M. Paturne Lupin, rue Pelletier, n° 2.

Blessé légèrement dans l'attaque des maisons environnant le Palais-Royal.

16. FLIZET (Alphonse-Louis), âgé de 12 ans.

Blessé le 28 juillet à la porte Saint-Denis, par une balle qui lui a traversé le genou droit; il a subi plusieurs opérations : il sera infirme pour sa vie.

Il a été soigné par le docteur Dufour.

La mère de cet enfant est âgée de 52 ans; elle est veuve et est chargée de quatre enfants en bas âge. (Voir le n° 3 des morts.)

17. GREVRATH, contre-maître chez M. Gebel, fabricant de voitures, rue des Martyrs, n° 9.

Blessé dangereusement par une balle qui lui a traversé la poitrine, en combattant rue Saint-Honoré, près St-Roch, dans la journée du 29 juillet.

Il a été soulagé par M. de Caventou, pharmacien, rue de Gaillon, n° 22, et par le docteur Dufour.

18. MARTINON, garçon sellier, rue de Rochechouart, n° 23.

Blessé le 29 juillet, à la rue de Rohan, par une balle qui lui a traversé le corps sous la dernière côte droite.

19. MELIE-DUPERET, domestique, rue de Rochechouart, n° 66, chez M. Chevauchez.

Elle a eu la main droite écrasée en aidant à dépaver la rue du Faubourg-Montmartre.

20. ERAMBERT (François-Eugène), âgé de 20 ans, serrurier, rue Coquenard, n° 52.

Blessé le 29 juillet au Louvre, par une balle dans le côté gauche.

Il est à l'hospice Dubois, faubourg Saint-Denis.

21. GARANCHON, ancien militaire, actuellement tourneur, âgé de 55 ans, rue de Rochechouart, n° 44.

Blessé d'un coup de baïonnette aux reins, rue de Richelieu, au coin de la rue de Rohan. Il a été soigné par le docteur Piron Sampigny.

22. LECLERC, serrurier, rue Rochechouart, n° 35.

Blessé d'une balle dans le corps.

23. MATHIEU, serrurier, rue de la Tour-d'Auvergne.

Blessé par une balle au bras.

24. BOUVIER (Benoît), maçon, rue Coquenard, n° 18.

Blessé au coin du faubourg Poissonnière, le 28 juillet, par la garde royale. Une balle lui a traversé le bras gauche. Il a été soigné par M. Cartier, chirurgien, faubourg Poissonnière, n° 99, et ensuite transféré à l'ambulance de la Bourse.

25. MENDEZ (Auguste), Bayonnais, ancien officier, logé à Paris, rue des Vieux-Augustins, n° 12.

Blessé d'un coup de feu à la jambe droite et de plusieurs coups de lance dans le corps.

Il a été pansé par M. Laurenzot, médecin de Montpellier.

26. DUVIGNAUD (Pierre-Aristide), âgé de 27 ans, artiste peintre, envoyé à l'Académie des beaux-arts par la ville d'Angoulême, logé rue Chantereine, n° 19.

Blessé à l'attaque du Louvre le 29 juillet, d'un coup de baïonnette entre la première et la deuxième côte ; blessure profonde qui a pénétré dans la poitrine et qui altérera pour toujours sa santé.

Il a été soigné par les docteurs Piet et Foissac.

27. CHIRAC, ancien sergent au 1er régiment de ligne, actuellement loueur de cabriolets, rue du Mont-Blanc, n° 58.

Blessé d'un coup de baïonnette à la clavicule droite et d'un coup de crosse de fusil à la tête. Cette dernière blessure a donné lieu à des symptômes de commotions cérébrales. Il a été, en outre, meurtri en plusieurs endroits, au point que le chirurgien qui l'a soigné a déclaré que c'était par miracle qu'il avait résisté à tant de coups.

Il a été soigné par le docteur Haisson, aux Batignoles.

28. DEDIDIER, âgé de 20 ans, cocher, demeurant rue Saint-Lazare, n° 76.

Blessé à l'attaque des Tuileries le 29 juillet, par une balle qui lui a fracassé l'os du bras droit et l'a brisé en éclats.

Sa guérison ne sera jamais qu'incomplète; elle lui a occasioné des frais considérables de traitement.

Il a été soigné par le docteur Dubourg, rue Neuve Saint-Marc, n° 4.

Cet homme est dans la peine; sa bonne conduite et sa moralité sont attestées par M. Casimir Perrier.

29. VANACKER (François), rue Coquenard, n° 38.

Blessé au genou par une bouteille lancée d'une fenêtre au moment où il travaillait aux barricades; depuis ce moment il n'a pu reprendre ses travaux.

Il a été soigné par M. Piron Sampigny, médecin.

30. TELIFOR, rue Coquenard, n° 25.

Blessé au pied droit par une balle, rue Saint-Honoré, le 28 juillet.

Il a été soigné à l'ambulance de la Bourse.

Il est marié et a quatre enfants en bas âge.

31. JOUET (Jules-Marie-François) matelassier, rue Coquenard, n° 14.

Blessé aux deux jambes et aux reins par la chute

d'un obusier qu'il venait de prendre rue Saint-Honoré, près celle de l'Échelle.

Il a été soigné par le docteur Piron Sampigny.

32. GUÉRIN, rue de Buffault, n° 1.

Blessé à la tête et à l'épaule par une balle, sous les galeries du Théâtre français. Il a été pansé dans la cour des Fontaines, par un chirurgien du passage Véro-Dodat.

33. MINORET (ALFRED), sergent-fourrier au 8° régiment d'infanterie de ligne, en congé à Paris, rue Coquenard, n° 20.

Blessé d'une balle qui lui a traversé la cuisse, par le 15° léger, rue de la Monnaie, au moment où il marchait contre ce régiment à la tête d'un peloton d'ouvriers.

34. HOUDELOT (VICTOR), ébéniste chez M. Jacob, rue Saint-Nicolas, faubourg Saint-Martin.

Blessé le 29 juillet devant le ministère des affaires étrangères, d'un coup de pied de cheval dans les parties génitales. Il a d'abord été transporté à l'ambulance de la cité d'Orléans, où il a été soigné par MM. Penasse et Bachet, élèves en médecine, et ensuite transporté dans la maison de santé de madame Baric, rue du Faubourg-Poissonnière, n° 96.

35. ROCKENSTROH, âgé de 21 ans, mécanicien chez M. Pleyel, rue Cadet, n° 9.

Blessé rue Montmartre, par une balle qui lui a traversé l'épaule gauche, le 28 juillet. Il a d'abord été pansé à l'ambulance de la cité d'Orléans, il a ensuite été transféré à la maison de santé de madame Baric, rue du Faubourg-Poissonnière, n° 93.

36. COTTARD (Hugues), ouvrier maçon, âgé de 34 ans, rue Sainte-Apolline, n° 4.

Blessé à la porte Saint-Martin le 28 juillet, par une balle reçue au côté gauche et qui a traversé. Admis à l'ambulance de la cité d'Orléans, il a ensuite été recueilli dans la maison de santé de madame Baric.

37. LAVIALLE (Auguste), ouvrier poëlier, chez son frère, rue Guérin-Boisseau, n° 43.

Blessé le mercredi 28 juillet, d'une balle à la jambe droite qui a traversé et fracturé l'os.

Transporté et pansé de suite chez son frère, et transféré ensuite dans la maison de santé de madame Baric.

38. LEROY (Jean-François), âgé de 46 ans, cocher, quai Louis XVIII, n° 5.

Blessé à Rambouillet par une balle à la jambe gauche et un coup de sabre à la main droite.

Pansé d'abord à l'ambulance de la cité d'Orléans, et ensuite transféré dans la maison de santé de madame Baric.

39. VERDUN (Charles-Apollinaire), ouvrier papetier, rue du Faubourg-Poissonnière, n° 41.

Blessé d'une balle qui lui a fracassé l'épaule.

On l'a déposé à l'hospice Saint-Louis, salle Saint-Louis, n° 84.

40. BOISSIARD (Louis), cordonnier, rue Richer, n° 19.

Blessé.

Le commissaire soussigné ne connaît pas la nature de sa blessure. Il est seulement porté comme secouru dans l'état de M. Fould, commissaire-distributeur.

41. BOUCHER (Joseph-François), sellier, rue Richer, hôtel de Minerve. Agé de 19 ans et demi. Blessé d'une balle qui lui a traversé la cuisse droite, au coin de la rue des Vieilles-Étuves, par le 15e léger.

Il a été soigné par M. Henry, médecin de la cité Bergère.

42. BAILLY, ouvrier sellier, passage Saulnier, n° 4.

Blessé de quatre balles dans les genoux.

Il est à l'Hôtel-Dieu, salle Ste-Agnès.

43. PACOT-D'YENNE (Jean-Louis-François-Numa), âgé de 31 ans, ancien garde-du-corps, rue Ribouté, n° 5.

Blessé rue Saint-Honoré, près le café la Régence, par une balle qui lui a cassé la cuisse droite.

Il a été pansé par les-docteurs Wathier et Teiger.

44. VALÈS (Antoine), ancien militaire.

Grièvement blessé. Il est à l'hospice Saint-Louis.

Le commissaire soussigné n'a pas vu ce blessé ; le renseignement résulte du rapport de M. Fould.

45. GAUVENET, rue Rochechouart, n° 35.
Blessé.

Le commissaire soussigné ne connaît pas la nature de sa blessure; il est seulement porté comme secouru dans l'état de M. Fould, commissaire-distributeur. (Voir le n° 10 des morts, pour son frère.)

46. CASSAIGNE (Maurice), âgé de 20 ans et demi, ouvrier serrurier, rue des Martyrs, n° 13.

Blessé au faubourg Saint-Antoine, le 28 juillet. Une balle lui a fracturé l'os de l'épaule droite.

Il a été soigné par M. Hermé, pharmacien, rue des Martyrs, n° 11, et par M. Dufour.

47. TOUQUET (François-Noel), peintre, rue Rochechouart, n° 18.

Blessé le 29 juillet d'un éclat de mitraille. Ce renseignement résulte du rapport de M. Fould.

48. LÉON (Adolphe-Louis), ouvrier imprimeur, rue de la Chaussée-d'Antin, n° 24.

Blessé d'un coup de feu à la main droite.

Il a un doigt coupé.

49. DESFONTAINES (Jean-Baptiste), concierge, rue Saint-Lazare, n° 32.

Une forte contusion au genou gauche, provenant d'un éclat de pavé.

Blessure légère.

50. ALEXANDRINE (demoiselle), domestique chez M. Montigaud, rue Blanche, n° 36.

Blessée par une balle qui lui a percé les deux joues et coupé la langue. Blessure très-grave.

Elle est à l'hospice Beaujon.

51. PALICE (MICHEL), âgé de 11 ans, rue de Clichy, n° 84.

Blessé au coude-pied par une balle.

Blessure très-grave.

52. DUCAN (ANTOINE), rue Chantereine, n° 4.

Blessure légère.

Ce renseignement résulte du rapport de M. Talabot, commissaire-distributeur des secours.

53. CHARBONNIER (NICOLAS), rue Saint-Lazare , n° 53 , concierge.

Blessé d'un coup de feu qui lui a cassé le bras gauche près de l'épaule.

Blessure très-grave.

54. SAUTEROT (JACQUES), domestique chez M. Laffitte (Jean-Baptiste), rue d'Antin.

Blessé d'un coup de sabre qui lui a coupé quatre doigts de la main gauche. Il perdra l'usage de l'autre doigt.

55. FAYET (LOUIS), rue Rochechouart, n° 66.

Large blessure au haut de la cuisse, près de l'articulation. Blessure grave.

Il a été soigné par M. le docteur Dufour.

56. HERTZ (GEORGES), tailleur, rue des Martyrs, n° 17.

Il a reçu un coup de crosse de fusil, qui lui a

contusé la jambe; mais plus blessé encore par une hernie inguinale que lui ont causée les efforts faits pour enfoncer la porte d'une maison où des gardes royaux étaient réfugiés. Maladie incurable.

57. LEPÉCUNIER (Pierre), garçon maçon, rue Rochechouart, n° 66.

Blessé d'un coup de baïonnette à la jambe.

Il est guéri en ce moment.

Il a été soigné par le docteur Dufour.

58. POCHON (Alexandre), charpentier à Boulogne, près Paris.

Blessé d'un coup de baïonnette dans l'œil.

Il lui en reste une paralysie du nerf optique, qui pourra le rendre borgne.

La blessure extérieure est guérie.

Il a été soigné par le docteur Dufour.

59. ROLLAND (Édouard), rue Neuve Saint-Georges, maison du marchand de vin.

Un coup de feu sur le tibia qui a mis l'os à nu dans une assez grande étendue.

La plaie est inquiétante.

Il a été soigné par le docteur Dufour.

60. AUBRÉ (Louis), garçon maçon, rue Saint-Lazare, n° 17.

Une très-forte contusion au genou.

Il est presque guéri. Il a été soigné par le docteur Dufour.

61. GOLZER, rue Coquenard, n° 25.

Une large plaie longitudinale qui a mis le tibia à découvert.

Le malade est presque guéri.

Il a été soigné par le docteur Dufour.

62. Femme SIMON (Marguerite), rue du Faubourg-Poissonnière, n° 95.

Elle a eu la lèvre supérieure traversée par une balle, les deux mâchoires fracassées avec perte de 17 dents.

Elle a été soignée par le docteur Dufour.

63. BONASSY (François), ancien militaire, âgé de 53 ans, rue du Mont-Blanc, n° 47.

Blessé au bras droit par une balle.

Il a été soigné par le docteur Lamouroux.

64. MARTIN, cocher.

Foulé aux pieds par un peloton de la garde royale, rue du Faubourg-Montmartre.

Il est assez gravement blessé des coups qu'il a reçus dans l'abdomen.

65. LECLERC, crieur de journaux, rue du Pont-Saint-Victor, n° 5. Agé de 45 ans.

Il a eu le bras luxé avec de fortes contusions.

66. MOUTARDIER (Hortense-Eugène), rue Montpensier, n° 22.

Blessé le 29 juillet sur la place du Palais-Royal, d'un coup de feu qui lui a fracturé l'os de la jambe et rompu le tendon d'Achille.

Il a été soigné par M. Damiron , médecin en chef du Val-de-Grâce.

67. MARIN , rue du Faubourg - Montmartre, n° 75.

Blessé à la main droite par la chute d'un pavé, en faisant des barricades.

Cet homme est dans la plus grande misère; il n'a pu faire les frais d'inhumation de sa femme qui vient de décéder.

68. BLANCHOIN (Charles), rue Sainte-Croix-d'Antin, n° 10, ancien officier au 14ᵉ de ligne.

Blessé d'un coup de lance à la tête.

Il a été soigné par le docteur Jimmel.

Paris, ce 7 septembre 1830.

SENSIER,
Commissaire du 2ᵉ arrondissement.

PERSONNES

QUI SE SONT DISTINGUÉES.

1. MENDEZ (Auguste), ancien secrétaire de M. l'ordonnateur Warée à l'armée d'Espagne. (Porté au n° 25 des blessés.)

A montré le plus grand courage, le plus grand dévouement dans les journées des 27, 28 et 29 juillet. Malgré plusieurs blessures qu'il avait reçues, il n'a cessé jusqu'au dernier moment de se trouver partout où il y avait des périls et où il était urgent d'organiser les moyens de résistance et de distribuer des secours, ce qu'il a fait de ses deniers personnels.

Il est muni de certificats les plus honorables qui lui ont été délivrés par la commission municipale de Paris.

Il a été précédemment blessé d'un coup de feu à la bataille de Toulouse.

Trois de ses frères, officiers de l'ancienne armée, ont été proscrits, et l'un d'eux, Brutus Mendez, a été incarcéré comme rédacteur du *Courrier bayonnais.*

Il est particulièrement connu de M. Laffitte, son compatriote.

DUVIGNEAU (Pierre - Aristide). (Porté au n° 26 des blessés.)

Ce jeune homme s'est fait remarquer par une rare intrépidité, d'abord le 28 juillet sur la place de l'Hôtel-de-Ville, en s'élançant au milieu de la mitraille sur une compagnie de Suisses, pour délivrer trois jeunes gens qu'on allait égorger, et sur le boulevard Saint-Martin, où il a sauvé la vie au nommé Gemot, ancien élève de droit que la garde royale voulait tuer.

Le 29 juillet il pénétra un des premiers dans les retranchements du Louvre, où il a été blessé.

Le 29, malgré la gravité de sa blessure, il s'est porté à l'assaut des Tuileries, et de là au Louvre pour préserver le Muséum.

Il est muni des plus honorables certificats.

3. TIERCE, sous-inspecteur aux revues en retraite, demeurant à Paris, rue Coquenard, n° 6.

S'est particulièrement fait remarquer par le zèle qu'il a mis, dans les journées des 27, 28 et 29 juillet, à organiser les ouvriers sur la place Cadet, et en se mettant à leur tête, sous les ordres des colonels A. Delaborde et Bro.

De là il les a conduits aux différents points où la résistance était nécessaire.

Il a ensuite aidé les colonels A. Delaborde et Bro à organiser la garde nationale dans le manége de la rue Cadet.

Il est muni de certificats irrécusables, signés par les colonels A. Delaborde et Bro, et par plusieurs officiers de gardes nationales et habitants du quartier.

4. CHIRAC, ancien sergent au 1er régiment de ligne, actuellement loueur de cabriolets, rue du Mont-Blanc, n° 58.

S'est fait remarquer le 28 juillet à l'attaque du 5e régiment de ligne sur le boulevart Poissonnière, et contribua à faire cesser le feu, en allant au-devant d'eux comme ancien militaire.

Il se rendit de là à la place Vendôme, pour empêcher également les troupes de tirer sur le peuple;

Il y fut fait prisonnier.

Sa montre et sa bourse lui furent prises, et il ne dut la vie qu'à M. Drogue, sous-lieutenant des grenadiers de la garde.

Il est muni de certificats qui lui ont été délivrés par le prince de la Moskowa et autres officiers et citoyens.

5. JOUET (JULES-MARIE-FRANÇOIS), rue Coquenard, n° 14. (Porté aux blessés, n° 31.)

S'est fait remarquer par son intrépidité à la prise du Louvre et des Tuileries. Il s'est, avec cinq de ses camarades, emparé d'un obusier, rue de Richelieu, qui lui a malheureusement tombé sur le corps.

6. GUÉRIN, rue de Buffaut, n° 1. (Porté aux blessés, sous le n° 32.)

Cet homme, quoique blessé à la tête et à l'épaule, s'est fait transporter à ses frais à Rambouillet ; malgré son peu d'état d'aisance, il a refusé tout secours, en disant qu'il n'avait fait que son devoir.

7. MINORET (Alfred), sergent-fourrier au 8ᵉ régiment d'infanterie de ligne, en congé à Paris, rue Coquenard, n° 20. (Porté aux blessés, sous le n° 33.)

On ne saurait trop louer le courage et l'énergie de ce brave militaire, qui a constamment commandé les ouvriers, pour les conduire au feu, en leur indiquant diverses manœuvres pour leur rendre le feu des troupes moins meurtrier.

8. PACOT-D'YENNE (Jean-Louis-François-Numa), âgé de 31 ans, ancien garde-du-corps, rue Ribouté, n° 5. (Porté aux blessés, sous le n° 43.)

Ce brave officier s'est mis avec deux de ses frères à la tête de pelotons d'ouvriers et de gardes nationaux, à l'attaque du Louvre. Blessé rue Saint-Honoré, il a eu le bonheur de se voir venger par son frère Edouard Pacot - d'Yenne, commis - marchand chez M. Gantillon, passage Vivienne ; ce jeune homme a tué le Suisse qui avait tiré sur son frère par une croisée.

Il est impossible de se conduire plus bravement que ne l'ont fait ces trois jeunes Français.

L'officier Pacot-d'Yenne avant d'être blessé a, au péril de ses jours, sauvé la vie à M. Bastard de l'Étang , officier de la garde royale, arrêté par le peuple au moment où il portait des ordres.

9. CABILLÉ, serrurier, rue Coquenard , n° 25.

S'est fait remarquer par le zèle qu'il a mis pendant les trois jours à fabriquer gratuitement des piques pour tous les ouvriers de son quartier.

10. Femme SIMON (Marguerite), rue du Faubourg-Poissonnière, n° 95. (Portée aux blessés, sous le n° 62.)

Cette femme intrépide se battait contre la garde à coups de couteau de cuisine ; elle voulait encore retourner se battre après avoir été pansée par le docteur Dufour.

11. VALLOT (Narcisse), rue de Bondy, n° 19.

Ou a remarqué le courage de cet individu. Il est muni d'un certificat fort honorable; le journal du *Constitutionnel* a d'ailleurs fait mention de lui.

12. A. BOURSY, chef de division aux contributions indirectes, rue d'Artois, n° 27, ancien capitaine de la 7ᵉ légion de la garde nationale.

Il a été un des premiers à revêtir l'uniforme d'officier de la garde nationale pour se rendre à l'hôtel de M. Laffitte.

Il a marché sous les ordres du général Pajol pour s'assurer du Trésor public. Il est resté de garde et y a maintenu l'ordre le plus parfait.

13. Les trois frères SALBERT :

Jean (porté aux blessés sous le n° 1ᵉʳ), rue des Martyrs, n° 9;

Guillaume, demeurant à Montmartre;

Baptiste, rue de la Boule-Rouge;

Se sont particulièrement fait remarquer par leur courage et leur intrépidité.

Ils étaient partis ensemble sans armes.

Guillaume a tué un lancier près du Gymnase; il a pris son sabre pour lui et a donné ses deux pistolets à son frère Jean.

Baptiste a renversé un gendarme dans la rue Montmartre, et lui a pris son fusil.

Jean, déja armé des pistolets du lancier, a pris le fusil d'un bourgeois tué.

Ils se sont constamment battus sur le boulevart Poissonnière, dans la rue Montmartre, au Palais-Royal et dans la rue Saint-Honoré.

14. PLANCHON (Henri-Victor), ancien militaire au 34ᵉ de ligne, demeurant rue de Provence, n° 16. (Porté aux blessés, sous le n° 2).

Cet homme, après s'être fait panser d'une blessure grave, a eu le courage de partir pour aller se battre à Rambouillet.

15. PILLON (Victor), maçon, âgé de 23 ans, rue Saint-Georges, n° 33. (Porté aux blessés, sous le n° 7.)

Cet homme, à la tête d'un peloton d'ouvriers, a constamment commandé le feu contre le 5ᵉ de ligne;

il a pris 4 fusils. Tout blessé qu'il était, il a été se battre dans la rue du Mont-Blanc, et a concouru à la prise de la caserne de la rue de Clichy.

Il était le soutien de sa mère, veuve avec trois enfants.

16. GILSON , traiteur, rue des Trois Frères, n° 21.

Il s'est fait remarquer par son intrépidité dans les trois journées. Il est ensuite parti pour Saint-Cloud, où il a démonté un officier supérieur des gardes-du-corps, auquel il a arraché une rangée de cinq croix qu'il a en sa possession.

Il a ensuite été envoyé au camp de Surène par le général Gérard.

17. VINCENT (JACQUES), ébéniste, rue Coquenard, n° 60.

Cet homme a désarmé, le 27 juillet, un soldat du 5e de ligne, dans la rue de Richelieu; il est allé ensuite se battre les jours suivants dans tous les quartiers de Paris.

18. COLLET, artiste peintre, âgé de 39 ans, rue du Delta, faubourg Poissonnière.

A été chercher un fusil au roulage de la rue d'Enghein.

Il a tué un capitaine de lanciers sur le boulevart Bonne-Nouvelle, et a pris son cheval qu'il a donné au sieur Marthy, rue Chantereine, n° 19.

Il a demandé depuis que ce cheval fût vendu au profit des blessés.

19. CLERC, ouvrier mécanicien chez le sieur Millet, passage Saulnier.

S'est fait remarquer par son rare courage.

Ce jeune homme, armé seulement d'un pistolet, est constamment resté exposé au feu du 3ᵉ régiment de la garde.

20. COLLOT, rue Chantereine, n° 13.

Ce citoyen, à la tête de six hommes, a, sur l'ordre du colonel Zimmer, défendu bravement la barrière d'Enfer contre les Suisses. De là il s'est rendu, pour être de garde, à l'hôtel des gardes-du-corps qu'il a préservé du pillage.

21. BOISSY, rue Rochechouart, n° 41.

A justifié par des témoignages irrécusables du courage qu'il a montré dans la rue de Valois contre les gardes royaux embusqués dans les maisons, malgré la fusillade dirigée contre lui.

22. BONGARDIER (Hilaire), cul-de-sac Coquenard, rue Saint-Hilaire.

A fourni les mêmes témoignages de son courage sur les mêmes lieux.

23. CATELIN (Adolphe).

A déployé le plus grand courage pour le transport des dépêches et l'enlèvement des blessés.

Il a été tellement exténué de fatigue qu'il a gagné une maladie qui donne des inquiétudes pour le restant de ses jours.

Ces faits sont attestés par le commissaire de police du quartier et par le docteur Dufour.

24. CLERMONT (Camille).

S'est fait remarquer par un grand courage, tant dans les trois journées qu'à Rambouillet.

Ce fait est attesté par MM. Lothon et Bernadou, élèves de l'École polytechnique, dont il a les certificats.

25. CHEVAL, sergent de grenadiers de la 2ᵉ légion, propriétaire, rue Rochechouart, n° 21.

A vaillamment contribué au succès de la cause de la liberté.

A la tête de sa compagnie, organisée de concert avec le colonel Bro, il a été se battre sur la place des Victoires; il a pris possession de Montmartre; fait prisonnier par trois officiers de la garde royale, il est parvenu à s'en débarrasser et à briser leurs épées. Il a ramené avec sa compagnie deux pièces de canon prises à Rambouillet.

Il est muni des plus honorables certificats, où il est vivement recommandé par les membres du gouvernement provisoire.

26. MOUTARDIER (Hortense-Eugène), rue Montpensier, n° 22 (Porté aux blessés sous le n° 66.)

S'est comporté d'une manière remarquable dans les derniers jours de juillet. Il a, par son courage et sa présence d'esprit, empêché le 5ᵉ de ligne de faire feu sur le poste de la Banque, et est parvenu à faire renoncer la garde royale à toute attaque dans le jardin du Palais-Royal.

27. DAVET, ancien officier de hussards, caissier de M. Paturne Lupin, rue Pelletier, n° 2. (Porté aux blessés, sous le n° 15.)

Ce brave citoyen, quoique blessé, ne voulut recevoir aucun soin, en disant qu'il faut être libre pour se faire panser, j'aurai toujours le temps.

Il continua l'attaque des maisons et contribua ensuite, par son courage, à sauver les blessés qu'une juste colère allait immoler.

28. GEISSENHOFER (Louis-Sébastien-Charles-André), rue de Richelieu, n° 104.

S'est particulièrement distingué à l'attaque de l'Hôtel-de-Ville. C'est lui qui y a placé le premier le drapeau tricolore : il est porteur du certificat le plus honorable, à lui délivré par le gouvernement provisoire.

29. MARTINON, garçon sellier, rue de Rochechouart, n° 23. (Porté aux blessés, sous le n° 18.)

Ce brave citoyen avait reçu une première balle à la tête, qui ne l'a point empêché de suivre ses camarades. Il a continué à se battre jusqu'au moment où il a reçu sa seconde blessure.

30. DELOBEL, propriétaire à Troyes et électeur

du département de l'Aube, logé à l'abattoir Montmartre, chez M. Montaigu, son beau-frère.

Il s'est mis, le jeudi 29 juillet, à la tête des ouvriers, sur la place Cadet, pour les diriger vers les
lieux d'attaque.

31. PITON (Jules), rue Saint-Georges, n° 5.

Est parvenu, par sa fermeté et son courage, à
arracher des mains du peuple quatre officiers de la
garde royale qui s'étaient présentés comme parlementaires, et qu'on avait jetés en bas de leurs chevaux.

32. SILOS, peintre en bâtiment.

S'est conduit avec un grand courage pendant les
trois journées. Il s'est emparé des armes de plusieurs
soldats de la garde et les a distribuées à des ouvriers.
Il est porteur des certificats les plus honorables.

33. PORQUET (Victor), âgé de 28 ans, rue
Saint-Lazare, n° 7.

S'est distingué à l'attaque du pont d'Austerlitz,
contre les cuirassiers, et à celle du pont de la Grève.

34. GAUTHIER, avocat à Poitiers.

35. PENTY, de Bordeaux.

On a vu ces deux citoyens, étrangers à la capitale, se mêler parmi les combattants et exciter les
ouvriers par leur courage.

36. A. GIRARD, sous-lieutenant de la 3ᵉ compagnie du 2ᵉ bataillon de la 2ᵉ légion.

Cet officier s'est fait remarquer parmi ceux qui

ont attaqué et repoussé la colonne de l'infanterie de la garde royale qui, avec deux pièces de canon, occupait le boulevart des Capucines. Il a contribué à sauver les parlementaires royaux de la fureur du peuple, en les conduisant chez M. Laffitte.

Il est ensuite parti pour Rambouillet sous les ordres immédiats du général Pajol.

Il est muni des certificats les plus honorables, entre autres de celui de M. Méchin.

37. BOUCHET, ancien officier d'état-major de la garde nationale.

Est un de ceux qui ont paru les premiers en costume d'officier. Il a pris le commandement des gardes nationales et d'ouvriers, et les a conduits au feu sur les boulevarts Saint-Denis et Saint-Martin, pour repousser la garde royale.

Il a signalé au commissaire soussigné, le sieur Michelet, rue d'Artois, le sieur Fabry, bijoutier, passage du Panorama, et le confiseur à gauche dans le même passage en venant par le boulevart, comme les premiers gardes nationaux qui ont paru en uniforme pour prendre part au combat.

Il a également signalé au commissaire soussigné le sieur La Fontaine, auteur dramatique, comme s'étant distingué à la tête d'un peloton d'hommes dont il avait pris le commandement.

Le sieur Bouchet a également contribué à soustraire de la fureur populaire le sieur Roux, chef d'escadron parlementaire royal, en le conduisant d'abord chez M. Simon, marchand de papier, et de là chez M. Laffitte.

38. FÉLIX, lieutenant-colonel, rue Taitbout, n° 32.

C'est au zèle et à l'activité infatigables de cet officier, qu'on a dû l'occupation et la conservation de la position importante de Montmartre, dont la garde royale voulait s'emparer.

Il avait été chargé de cette mission au quartier-général de la Bourse.

Le lieutenant-colonel Félix a pris sous sa sauve-garde, avec le docteur de Bouchet, le capitaine d'état-major Vernon, envoyé par le commandant de Paris en parlementaire pour faire cesser le carnage.

Ce ne fut qu'en courant les plus grands dangers qu'ils ont pu protéger le capitaine Vernon contre les attaques du peuple répétées à chaque instant.

Le lieutenant-colonel Félix a eu trois frères dans l'ancienne armée qui tous ont été tués.

39. BLANCHOIN (CHARLES), rue Sainte-Croix-d'Antin, n° 10. (Porté aux blessés, sous le n° 68.)

Ancien officier au 14° de ligne.

Après avoir été blessé à l'attaque du Louvre, il n'en a pas moins été faire preuve de courage à l'attaque des maisons de la rue Saint-Honoré et à l'assaut des Tuileries, ainsi qu'au désarmement des gendarmes à la caserne des Minimes.

40. VERCIGNY (Napoléon), rue Montholon, n° 9.

S'est fait remarquer par une rare intrépidité. Après s'être battu avec acharnement les 27 et 28, aux faubourgs du Temple, Saint-Denis et Saint-Martin, il est venu se placer à la tête des combattants le 29 juillet, pour l'attaque des maisons de la rue Saint-Honoré.

41. TOURNIER (François), ancien officier d'état-major, actuellement lieutenant-colonel du 1er régiment des volontaires de la Charte.

Rue de la Corderie, marché des Jacobins, n° 3.

Il a combattu pendant les journées des 27, 28, et 29 juillet, au Louvre, au Palais-Royal, aux Tuileries et dans différents autres quartiers de la ville, ralliant tous les citoyens, se portant à leur tête sur les points les plus menacés, et arrêtant après la victoire les désordres que quelques malveillants voulaient susciter.

On l'a vu aussi à la Bourse arrêter, par sa fermeté et son courage, le massacre des blessés, circonstance dans laquelle il a été renversé et foulé aux pieds. Il a aussi empêché l'enlèvement de l'argenterie qu'on avait apportée des Tuileries à la Bourse.

Ces faits sont consignés dans les certificats dont il est porteur.

Paris, ce 6 septembre 1830.

SENSIER,

Commissaire du 2e arrondissement.

TRAITS D'HUMANITÉ.

1. Madame BARIC, tenant maison de santé rue du Faubourg-Poissonnière, n° 96.

On ne saurait donner trop d'éloges à cette femme charitable qui a transformé sa maison en une ambulance où un grand nombre de blessés ont été reçus, soignés, pansés et médicamentés gratuitement et avec des attentions et des secours continuels.

2. M. SANCIER, ancien officier, actuellement courtier de commerce, rue de Buffaut, n° 12.

A fait prodiguer les soins les plus touchants au nommé Alaignon, blessé (porté au n° 4 des blessés), que sa mère a refusé de recevoir. Il l'a recueilli chez lui et l'a fait traiter avec tant de bonté que ce pauvre blessé disait au commissaire soussigné qu'il était comme le fils de la maison. Il y est encore en ce moment.

M. Sancier a fait tous les frais des médicaments.

3. M. le général BRAYER, demeurant rue de Buffaut.

S'est empressé d'envoyer 120 fr. à ce blessé, qu'on lui a soigneusement conservés pour l'époque de sa guérison.

4. La femme BARBOT, rue Coquenard, n° 54.

On ne saurait trop louer les soins touchants donnés par cette brave femme au blessé Turlure (porté
aux blessés sous le n° 3), qu'elle n'a pas quitté depuis son accident ; elle est toujours auprès de son
lit de douleur, blanchit gratuitement son linge.

5. DEHORS, perruquier-coiffeur, rue Neuve-
Saint-Roch, n° 41.

S'est conduit avec beaucoup d'humanité envers
le blessé Ducamp (porté aux blessés sous le n° 12);
il l'a fait transporter chez lui, s'est empressé de lui
prodiguer tous les soins que réclamait sa position,
a envoyé chercher deux médecins, et pendant qu'on
le pansait, M. Dehors allait préparer la femme du
blessé à recevoir son mari, le fit placer sur un bran-
card et le conduisit lui-même à son domicile.

6. BARBICHON, bijoutier au Palais-Royal.

On doit noter honorablement la conduite de ce
généreux citoyen pour les soins touchants qu'il a
donnés et qu'il donne encore au blessé Donier (porté
aux blessés sous le n° 14).

7. BOBÉE, libraire, rue de Richelieu, n° 14.

On doit également noter la conduite humaine et
charitable de ce citoyen envers le blessé Martinon
(porté aux blessés sous le n° 18), qu'il a recueilli
chez lui en lui donnant les soins les plus touchants.

Paris, ce 6 septembre 1830.

SENSIER,
Commissaire du 2ᵉ arrondissement.

PHARMACIENS et CHIRURGIENS

QUI SE SONT DISTINGUÉS PAR LEUR ZÈLE
A SOIGNER LES MALADES,
ET PAR LEUR DÉSINTÉRESSEMENT.

M. HERMÉ, rue des Martyrs, n° 11, secours et médicaments gratuits.

M. PIRON-SAMPIGNY, rue Chantereine, n° 52.

M. DUCELLIER, pharmacien, rue Coquenard, n° 35.

M. LAMOUROUX, docteur-médecin, rue Chantereine, n° 58.

Il avait établi une ambulance à son domicile.

M. PIERQUIN, médecin, rue de Buffaut, n° 19.

Il a établi une ambulance au manége de la rue Cadet.

M. DUFOUR, docteur-médecin, rue Coquenard, n° 54.

Il a soigné plus de trente blessés, en les visitant et les pansant jusqu'à trois fois par jour.

Paris, ce 6 septembre 1830.

SENSIER,
Commissaire du 2ᵉ arrondissement.